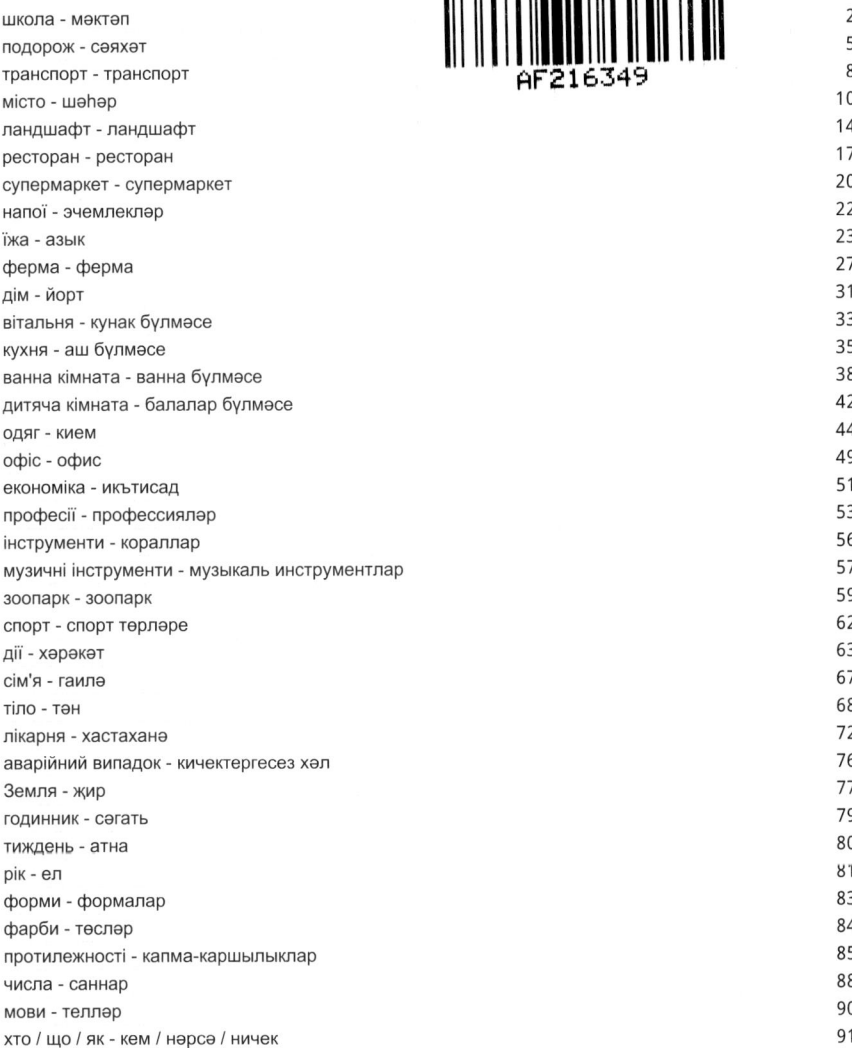

AF216349

Impressum
Verlag: BABADADA GmbH, Nedderfeld 112 , 22529 Hamburg
Geschäftsführer / Verlagsleitung: Harald Hof
Druck: Books on Demand GmbH, In de Tarpen 42, 22848 Norderstedt

Imprint
Publisher: BABADADA GmbH, Nedderfeld 112 , 22529 Hamburg, Germany
Managing Director / Publishing direction: Harald Hof
Print: Books on Demand GmbH, In de Tarpen 42, 22848 Norderstedt, Germany

школа

мәктәп

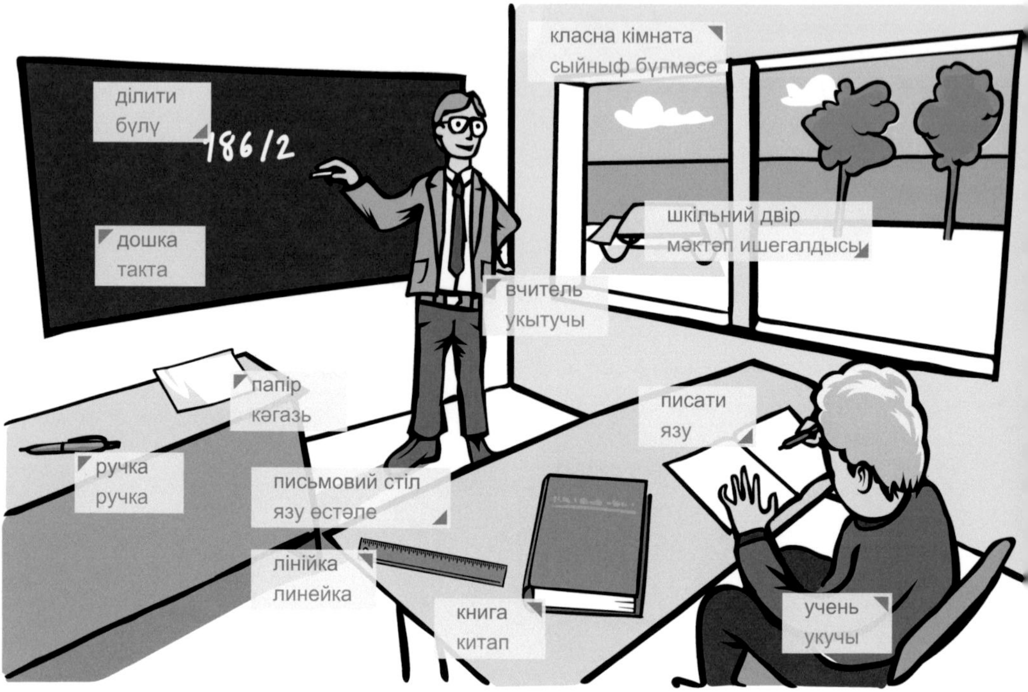

класна кімната
сыйныф бүлмәсе
ділити
бүлү
186/2
дошка
такта
шкільний двір
мәктәп ишегалдысы
вчитель
укытучы
папір
кәгазь
писати
язу
ручка
ручка
письмовий стіл
язу өстәле
лінійка
линейка
книга
китап
учень
укучы

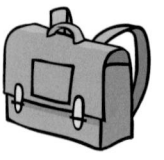

ранець

букча

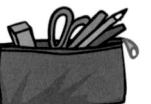

пенал

пенал

олівець

каләм

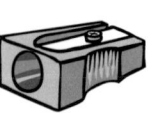

точило

каләм очлагыч

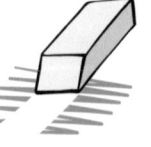

гумка

бетергеч

альбом для малювання

рәсем ясау өчен альбом

малюнок

рәсем

пензель

кисточка

коробка фарб

буяулар тартмасы

ножиці

кайчы

клей

җилем

зошит

дәфтәр

домашнє завдання

өйгә эш

число

сан

додавати

кушу

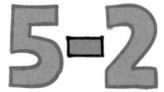

віднімати

алу

множити

тапкырлау

рахувати

исәпләү

літера

хәреф

абетка

алфавит

слово

сүз

текст
текст

читати
уку

крейда
акбур

година
дәрес

класний журнал
сыйныф журналы

екзамен
имтихан

диплом
диплом

шкільна форма
мәктәп формасы

освіта
мәгариф

лексикон
энциклопедия

університет
университет

мікроскоп
микроскоп

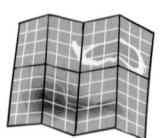

карта
карта

кошик для паперу
кәгазь өчен кәрҗин

подорож

сәяхәт

готель
кунакханә
Grand
турбаза
турбаза
ROOMS
EXCHANGE
обмінний пункт
валюта алмаштыру пункты
валіза
чемодан
автомобіль
автомобиль

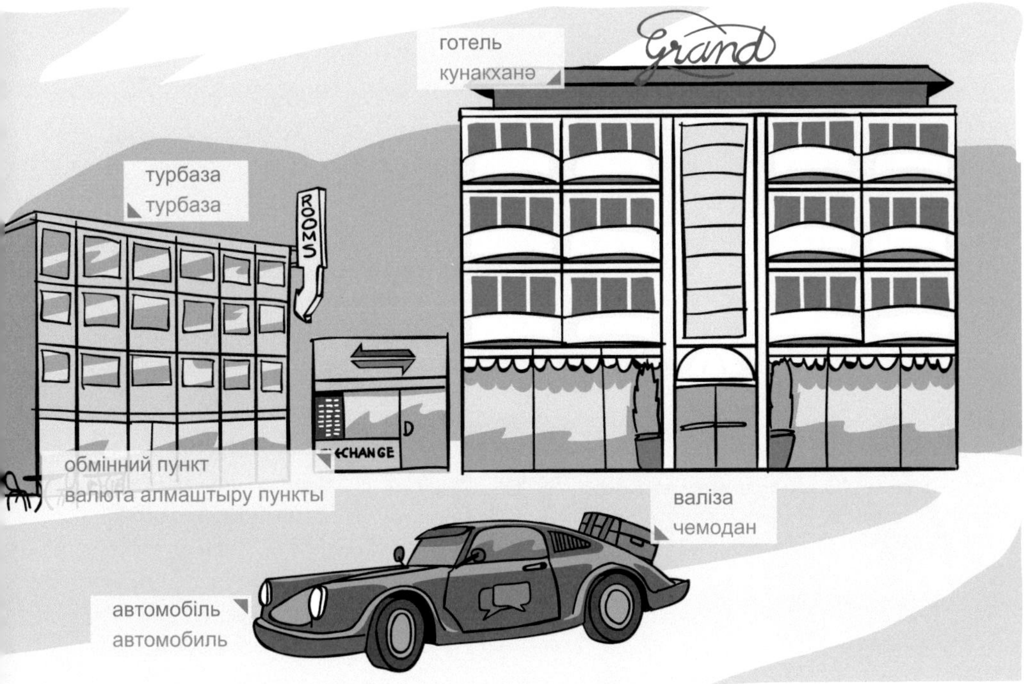

мова

тел

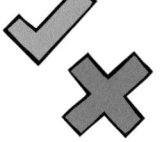

так / ні

әйе / юк

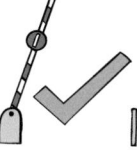

добре

яхшы

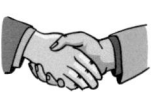

привіт

сәлам

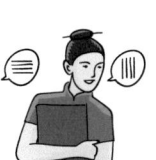

перекладач

тәрҗемәче

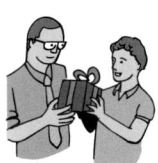

дякую

Рәхмәт

Скільки коштує ...?

Күпме тора...?

Я не розумію

Мин аңламыйм

проблема

проблема

Добрий вечір!

Хәерле кич!

Доброго ранку!

Хәерле иртә!

На добраніч!

Тыныч йокы!

До побачення

хушыгыз

напрямок

юнәлеш

багаж

багаж

сумка

букча

рюкзак

рюкзак

гість

кунак

кімната

бүлмә

спальний мішок

йоклар өчен капчык

намет

палатка

6

туристична інформація

туристик мәгълүмат

пляж

пляж

кредитна картка

кредит картасы

сніданок

иртәнге аш

обід

төш

вечеря

кичке аш

квиток

билет

ліфт

лифт

поштова марка

почта маркасы

межа

чик

митниця

таможня

посольство

илчелек

віза

виза

паспорт

паспорт

транспорт

транспорт

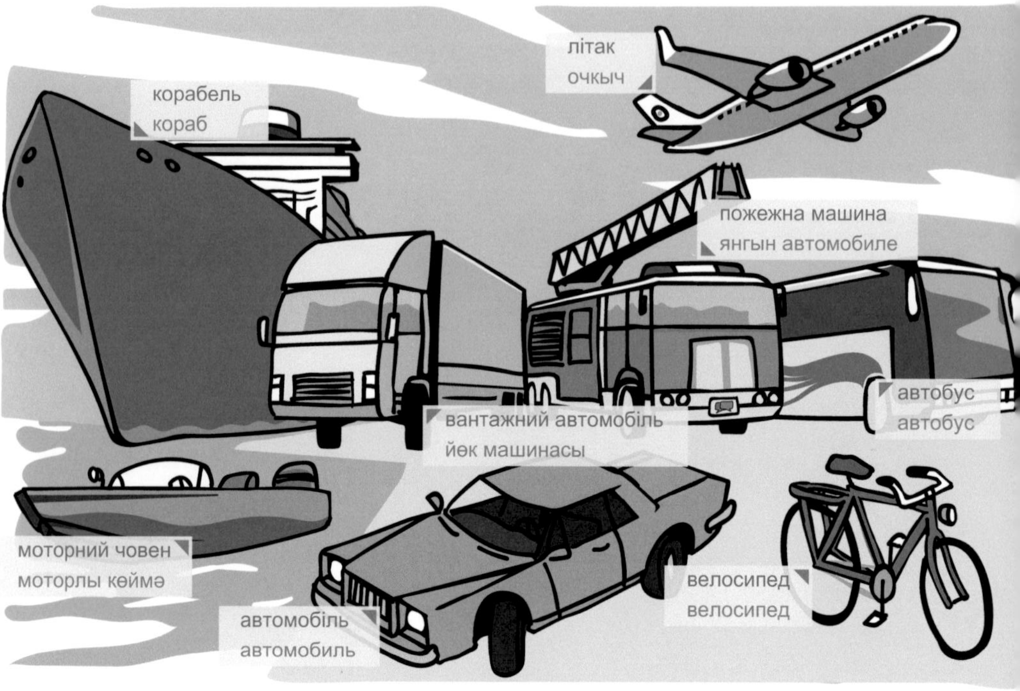

літак
очкыч
корабель
кораб
пожежна машина
янгын автомобиле
автобус
автобус
вантажний автомобіль
йөк машинасы
моторний човен
моторлы көймә
велосипед
велосипед
автомобіль
автомобиль

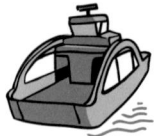

пором

паром

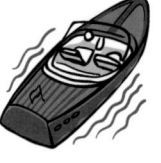

човен

көймә

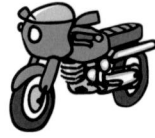

мотоцикл

мотоцикл

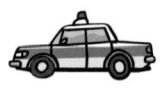

поліцейська машина

полиция автомобиле

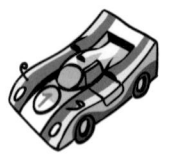

гоночний автомобіль

узыш автомобиле

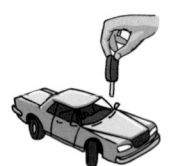

автомобіль на прокат

вакытлыча алып торган автомобиль

пільне користування авто

Автомобильләр белән
уртак файдалану

евакуатор

буксирлау автомобиле

сміттєвоз

чүп ташучы

двигун

двигатель

паливо

ягулык

автозаправна станція

заправка

дорожній знак

юл билгесе

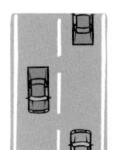

рух

хәрәкәт

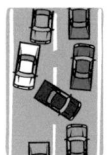

затор

бөке

стоянка

автомобиль тукталышы

вокзал

вокзал

рейки

рельслар

потяг

поезд

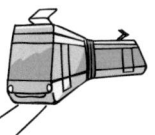

трамвай

трамвай

вагон

вагон

гелікоптер

вертолет

аеропорт

аэропорт

вежа

каланча

пасажир

юлчы

контейнер

контейнер

коробка

тартма

візок

арба

кошик

кәрзинкә

стартувати / приземлятися

очу / җиргә төшү

місто

шәһәр

село

авыл

центр міста

шәһәр үзәге

дім

йорт

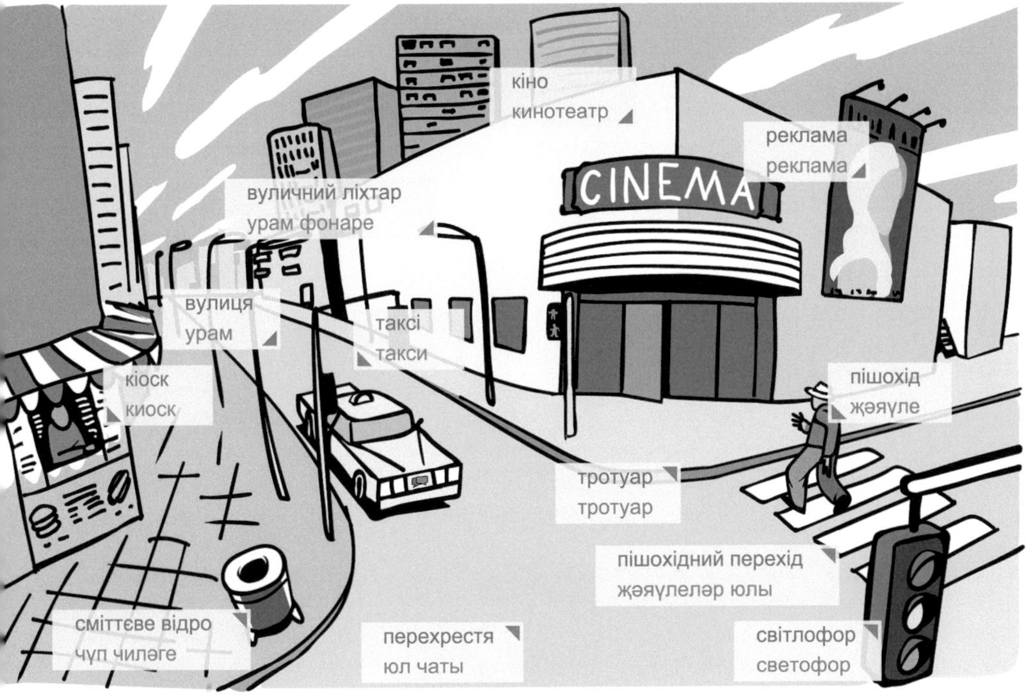

CINEMA
кіно
кинотеатр
реклама
реклама
вуличний ліхтар
урам фонаре
вулиця
урам
таксі
такси
кіоск
киоск
пішохід
җәяүле
тротуар
тротуар
пішохідний перехід
җәяүлеләр юлы
сміттєве відро
чүп чиләге
перехрестя
юл чаты
світлофор
светофор

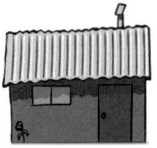

хатина

алачык

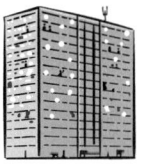

квартира

фатир

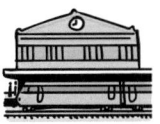

вокзал

вокзал

ратуша

ратуша

MUSEUM

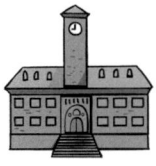

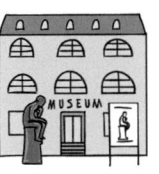

музей

музей

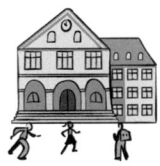

школа

мәктәп

університет

университет

банк

банк

лікарня

хастаханә

готель

кунакханә

аптека

даруханә

офіс

офис

книжковий магазин

китап кибете

магазин

кибет

квітковий магазин

чәчәк кибете

супермаркет

супермаркет

ринок

базар

універмаг

универмаг

торговець рибою

балык кибете

торговельний центр

сәүдә үзәге

гавань

порт

парк

парк

лава

эскэмия

міст

күпер

сходи

баскыч

метро

метро

тунель

тоннель

автобусна зупинка

автобус тукталышы

бар

бар

ресторан

ресторан

поштова скринька

почта тартмасы

вулична табличка

урам исеме язылган такта

лічильник паркування

паркометр

зоопарк

зоопарк

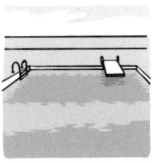

басейн

бассейн

мечеть

мәчет

ферма

ферма

забруднення навколишнього середовища

әйләнә-тирә мөхитне пычрату

кладовище

зират

церква

чиркәү

дитячий майданчик

балалар мәйданчыгы

храм

гыйбадәтханә

ландшафт

ландшафт

листок
бит

вказівний стовп
юл күрсәткече

шлях
юл

луг
болын

камінь
таш

дерево
агач

мандрівник
сәяхәтче

річка
елга

трава
үлән

квітка
чәчәк

долина

үзән

гора

тау

озеро

күл

ліс

урман

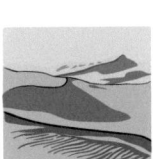

пустеля

чүл

вулкан

вулкан

замок

йозак

веселка

салават күпере

гриб

гөмбә

пальма

пальма

комар

черки

муха

чебен

мурашка

кырмыска

бджола

корт

павук

үрмәкүч

ландшафт - ландшафт

жук

коңгыз

жаба

бака

вивірка

тиен

їжак

керпе

заєць

куян

сова

ябалак

птах

кош

лебідь

аккош

кабан

кабан дуңгызы

олень

болан

лось

поши

гребля

буа

вітряк

жил генераторы

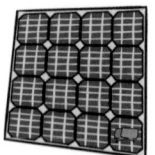

сонячний модуль

кояш батареясы

клімат

климат

ресторан

ресторан

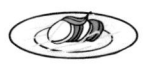

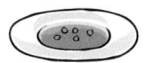

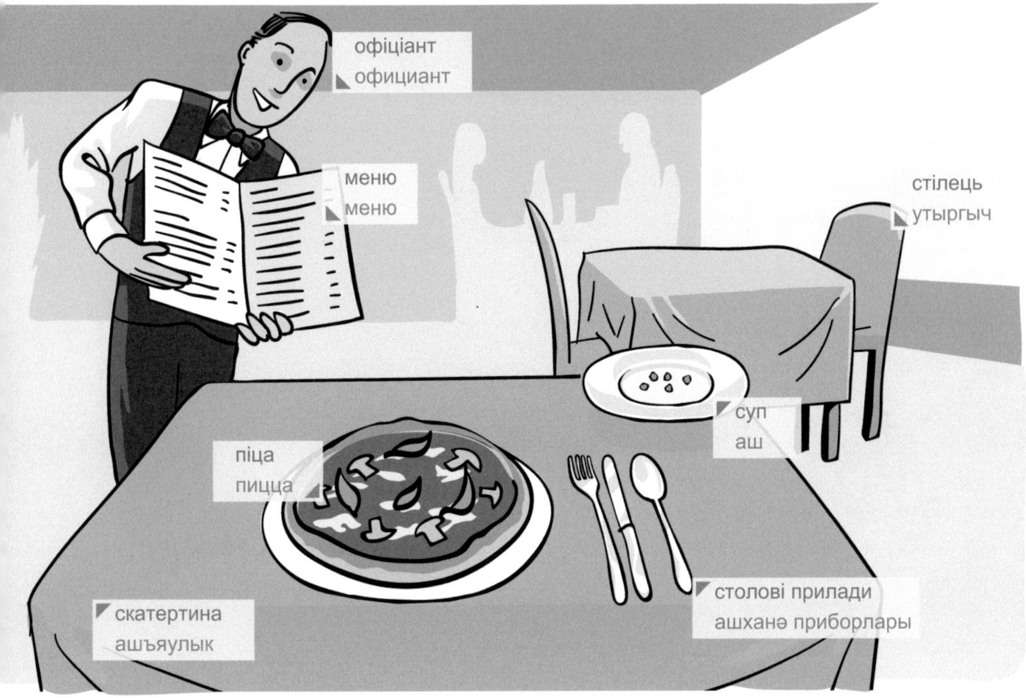
офіціант
официант
меню
меню
стілець
утыргыч
суп
аш
піца
пицца
скатертина
ашъяулык
столові прилади
ашханә приборлары

закуска

кабымлык

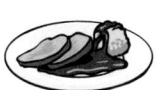

друга страва

төп ашамлык

десерт

десерт

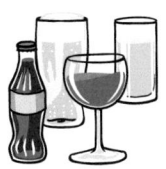

напої

эчемлекләр

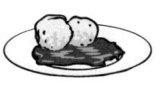

їжа

азык

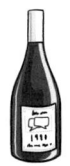

пляшка

шешә

фаст-фуд

фастфуд

вулична їжа

урам ризыгы

чайник

чәйнек

цукорниця

шикәр савыты

порція

күләм

еспресо-машина

кофе кайнаткыч

високий стільчик

балалар урындыгы

рахунок

исәпләү

піднос

поднос

ніж

пычак

вилка

чәнечке

ложка

кашык

чайна ложка

чәй кашыгы

серветка

салфетка

склянка

стакан

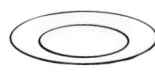

тарілка

тәлинкә

тарілка для супу

аш тәлинкәсе

блюдце

чәй тәлинкәсе

соус

соус

солонка

тоз савыты

млин для перцю

борыч ваклагыч

оцет

серкә

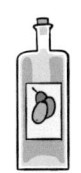

масло

сыек май

спеції

тәмләткеч

кетчуп

кетчуп

гірчиця

горчица

майонез

майонез

супермаркет

супермаркет

пропозиція
махсус тәкъдим
FOR
клієнт
сатып алучы
молочні продукти
сөт продуктлары
фрукти
җимешләр
візок для покупок
кибеттәге арба

BUTCHERS

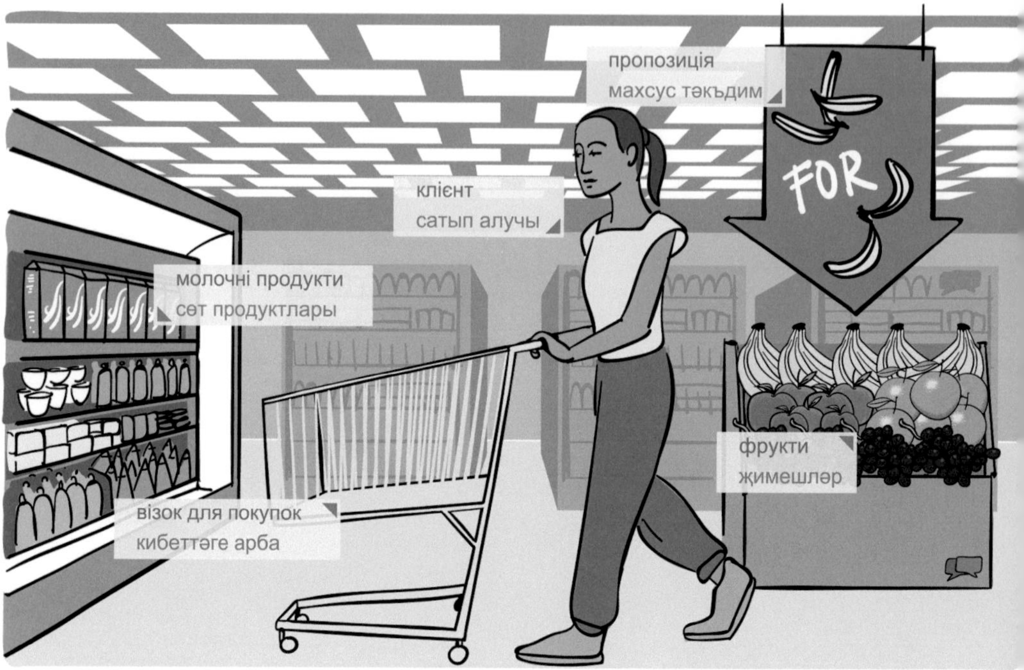

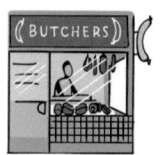

м'ясний магазин

ит кибете

BAKERY

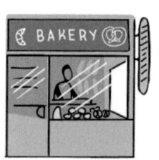

пекарня

икмәк пешерү йорты

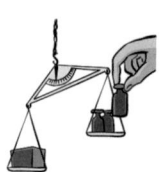

зважувати

килү

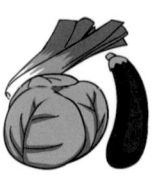

овочі

яшелчә

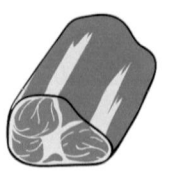

м'ясо

ит

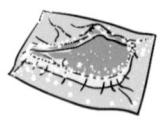

заморожені продукти

туңдырылган продуктлар

ковбасна нарізка

кисәкле ит

консерви

консервалар

пральний порошок

кер юу порошогы

солодощі

тәм-томнар

предмети домашнього побуту

көнкүреш җиһазлары

мийний засіб

юу әйбере

продавщиця

хатын-кыз сатучы

каса

касса

касир

кассир

список покупок

сатып алган әйберләрнең исемлеге

часи роботи

эш вакыты

гаманець

бумажник

кредитна картка

кредит картасы

сумка

букча

поліетиленовий пакет

полиэтилен пакет

вода
....
су

сік
....
сок

молоко
....
сөт

кола
....
кока-кола

вино
....
шәраб

пиво
....
сыра

алкоголь
....
хәмер

какао
....
какао

чай
....
чәй

кава
....
кофе

еспресо
....
эспрессо

капучіно
....
капучино

банан
банан

яблуко
алма

апельсин
әфлисун

кавун
карбыз

лимон
лимон

морква
кишер

часник
сарымсак

бамбук
бамбук

цибуля
суган

гриб
гөмбә

горішки
чикләвекләр

локшина
токмач

спагеті

спагетти

рис

дөге

салат

салат

картопля фрі

чипсы

смажена картопля

кыздырылган бәрәңге

піца

пицца

гамбургер

гамбургер

бутерброд

сэндвич

шніцель

котлет

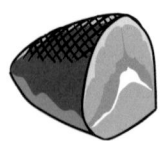

шинка

ветчина

салямі

салями

ковбаса

сосиска

курка

тавык

печеня

кыздырма

риба

балык

вівсяні пластівці

солы кисәкләре

мюслі

мюсли

кукурудзяні пластівці

кукуруз кисәкләре

борошно

он

круасан

круассан

булочка

булка

хліб

икмәк

тостовий хліб

тост

печиво

печенье

масло

май

сир

эремчек

пиріг

пирог

яйце

йомырка

яєчня

йомырка тәбәсе

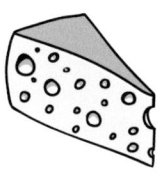

сир

сыр

морозиво
......
туңдырма

цукор
......
шикәр

мед
......
бал

мармелад
......
кайнатма

нуга-крем
......
шоколадлы паста

карі
......
карри

ферма

ферма

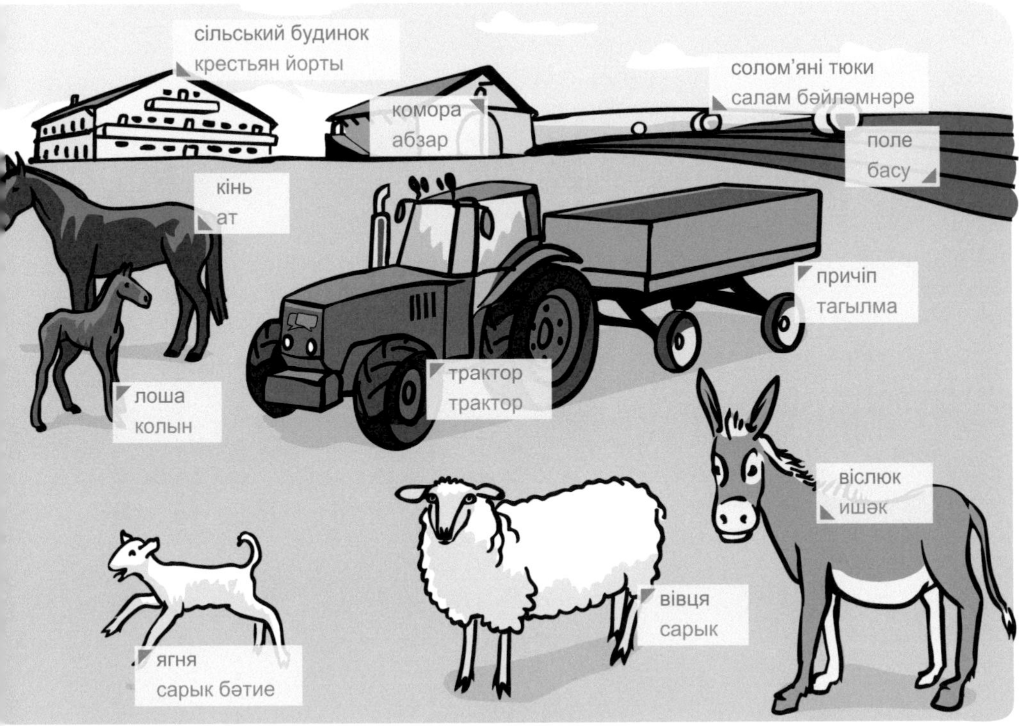
сільський будинок
крестьян йорты
комора
абзар
солом'яні тюки
салам бәйләмнәре
поле
басу
кінь
ат
причіп
тагылма
трактор
трактор
лоша
колын
віслюк
ишәк
вівця
сарык
ягня
сарык бәтие

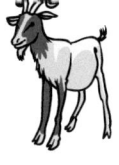

коза

кәҗә

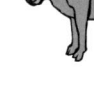

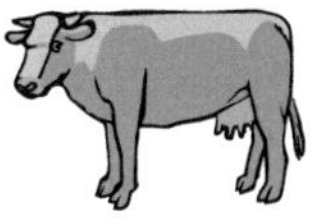

корова

сыер

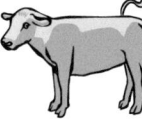

теля

бозау

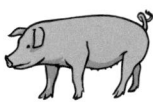

свиня

дуңгыз

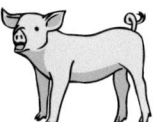

порося

дуңгыз баласы

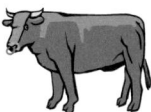

бик

үгез

гусак

каз

качка

үрдәк

курча

чеби

курка

тавык

півень

әтәч

щур

күсе

кіт

песи

миша

тычкан

віл

эш үгезе

собака

эт

собача будка

эт оясы

садовий шланг

бакча шлангысы

лійка

сусипкеч

коса

чалгы

плуг

сабан

серп

урак

мотика

китмән

вила

тирес сәнәге

сокира

балта

тачка

кул арбасы

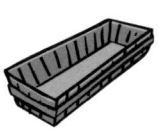

корито

тагарак

бідон молока

сөт өчен бидон

мішок

капчык

паркан

койма

хлів

абзар

теплиця

теплица

ґрунт

туфрак

насіння

чәчү

добриво

ашлама

комбайн

комбайн

пожинати

уңыш жыю

урожай

уңыш

корінь ямсу

ямса

пшениця

бодай

соя

соя

картопля

бәрәңге

кукурудза

кукуруз

ріпак

рапс

плодове дерево

җимеш агачы

маніок

маниок

злаки

иген

дім

йорт

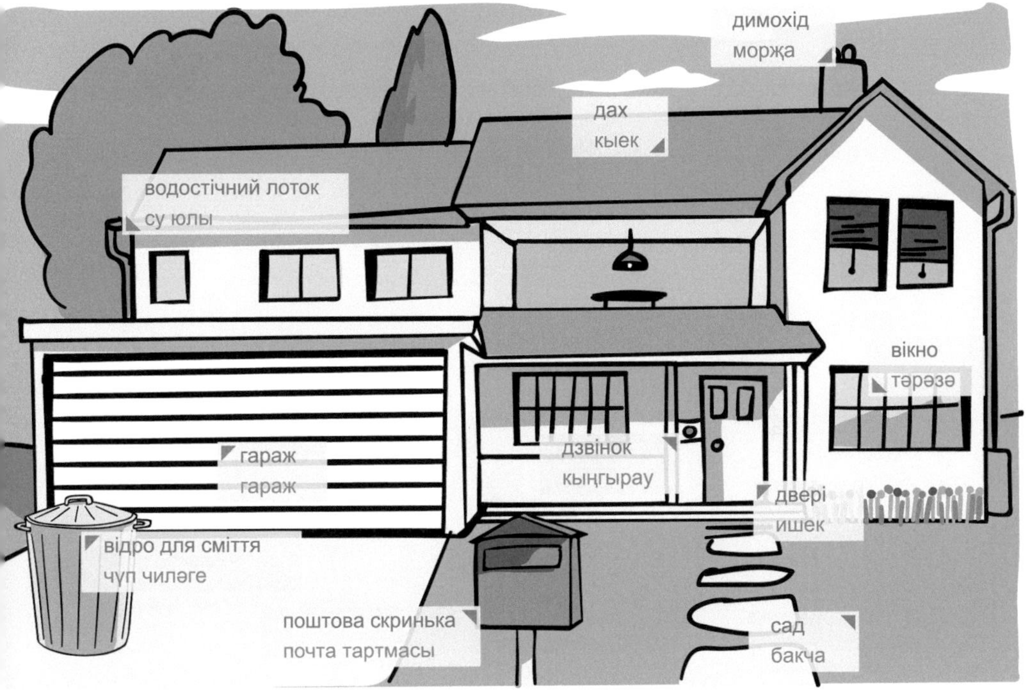

димохід
моржа
дах
кыек
водостічний лоток
су юлы
вікно
тәрәзә
гараж
гараж
дзвінок
кыңгырау
двері
ишек
відро для сміття
чүп чиләге
поштова скринька
почта тартмасы
сад
бакча

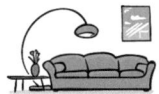

вітальня

кунак бүлмәсе

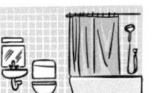

ванна кімната

ванна бүлмәсе

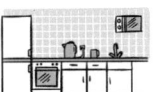

кухня

аш бүлмәсе

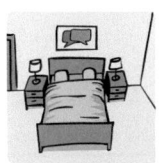

спальня

йокы бүлмәсе

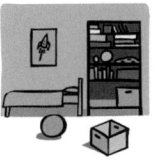

дитяча кімната

балалар бүлмәсе

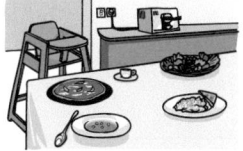

їдальня

ашханә

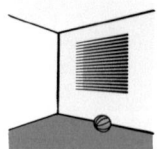

підлога

идән

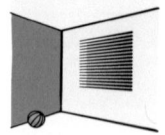

стіна

дивар

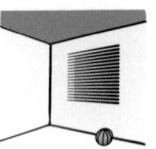

стеля

түшәм

підвал

баз

сауна

сауна

балкон

балкон

тераса

тераса

басейн

бассейн

косарка

газон чапкыч

простирало

юрган аслыгы

ковдра

япма

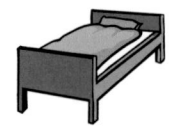

ліжко

карават

мітла

себерке

відро

чиләк

перемикач

сүндергеч

вітальня

кунак бүлмәсе

шпалери
обойлар
малюнок
рәсем
лампа
лампа
поличка
киштә
шафа
шкаф
телевізор
телевизор
камін
камин
квітка
чәчәк
подушка
мендәр
диван
диван
ваза
ваза
пульт
дистанцион идарә итү пульты

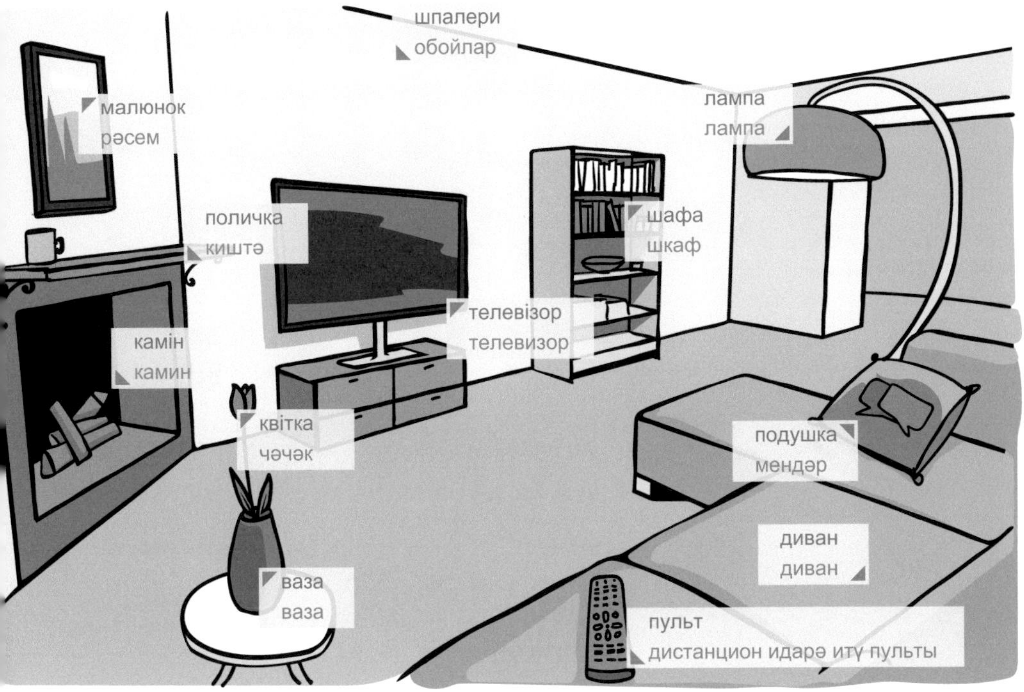

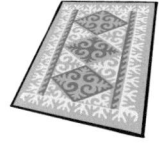

килим

келәм

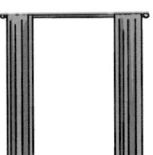

завіса

пәрдә

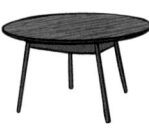

стіл

өстәл

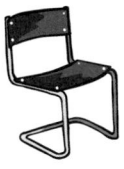

стілець

утыргыч

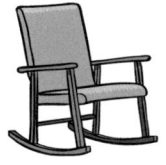

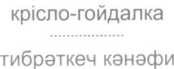

крісло-гойдалка

тибрәткеч кәнәфи

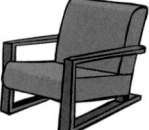

крісло

кәнәфи

книга

китап

ковдра

япма

прикраса

бизэк

дрова

утын

фільм

фильм

стереосистема

стереосистема

ключ

ачкыч

газета

газета

картина

картина

плакат

плакат

радіо

радио

блокнот

блокнот

пилосос

тузан суыргыч

кактус

кактус

свічка

шәм

вітальня - кунак бүлмәсе

кухня
аш бүлмәсе

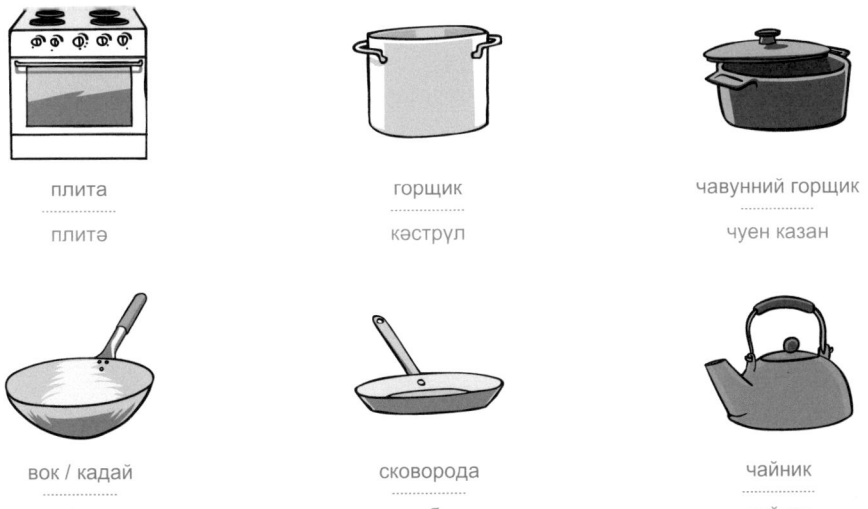

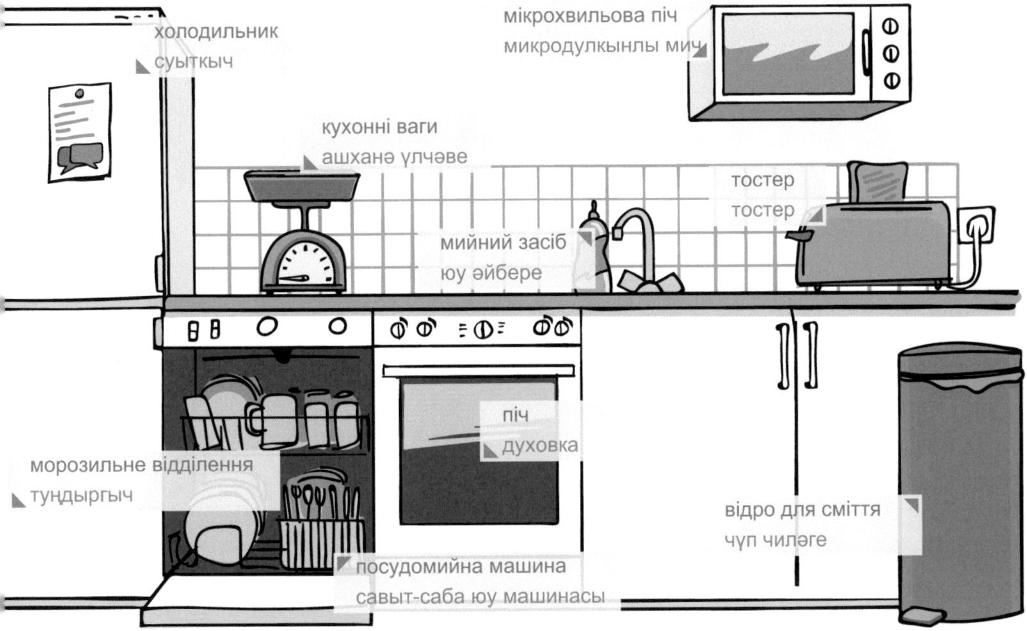
холодильник
суыткыч
мікрохвильова піч
микродулкынлы мич
кухонні ваги
ашханә үлчәве
тостер
тостер
мийний засіб
юу әйбере
піч
духовка
морозильне відділення
туңдыргыч
відро для сміття
чүп чиләге
посудомийна машина
савыт-саба юу машинасы

плита

плитә

горщик

кәстрүл

чавунний горщик

чуен казан

вок / кадай

вок / казан

сковорода

таба

чайник

чәйнек

пароварка

парда пешергеч

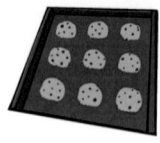

лист

калай таба

посуд

савыт-саба

кухоль

кружка

чаша

җамаяк

палички для їжі

таякчык

черпак

аш чүмече

лопатка

лопатка

вінчик для збивання

туглауыч

сито

иләк

сито

иләк

терка

кыргыч

ступка

төйгеч

барбекю

гриль

багаття

учак

дошка

такта

качалка

уклау

штопор

бөке суыргыч

конзерва

калай банк

відкривачка

консерв ачу өчен пычак

прихватки

эләктергеч

раковина

раковина

щітка

щётка

губка

губка

міксер

миксер

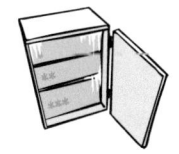

морозильна камера

туңдыру камерасы

дитяча пляшка

ашату өчен шешә

кран

кран

ванна кімната

ванна бүлмәсе

опалення
җылыту
рушник
сөлге
душ
душ
душова завіса
душ пәрдәсе
пiниста ванна
күбекле ванна
ванна
ванна
склянка
стакан
пральна машина
кер юу машинасы
кран
кран
плитка
плитка
горшок
чүлмәк
раковина
раковина

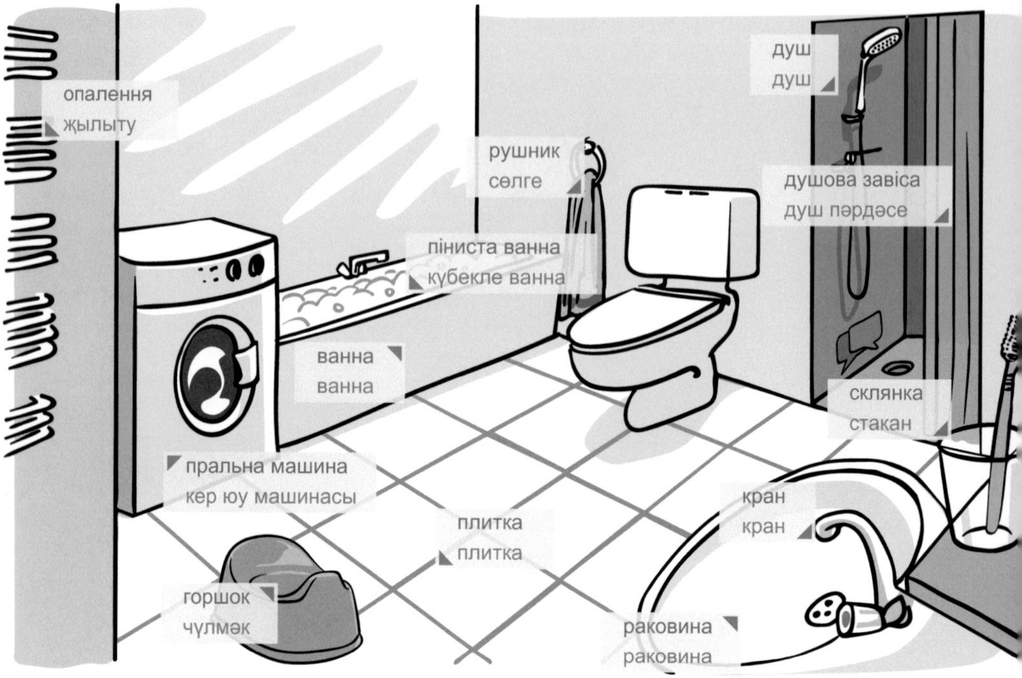

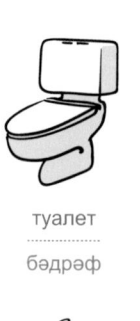

туалет

бәдрәф

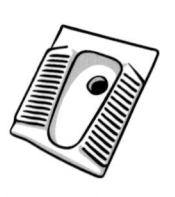

підлоговий туалет

унитаз

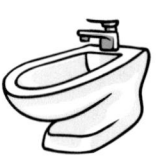

біде

биде

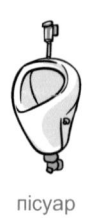

пісуар

писсуар

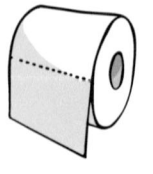

туалетний папір

бәдрәф кәгазе

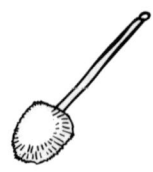

щітка для туалету

керпе кебек чистарткыч

зубна щітка

теш щеткасы

зубна паста

теш пастасы

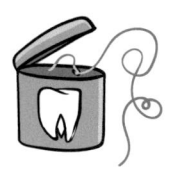

нитка для чищення зубів

теш жебе

мити

юу

ручний душ

кул душы

інтимний душ

душ

таз

оча сөяге

щітка для спини

аврка өчен щетка

мило

сабын

гель для душу

душ өчен гель

шампунь

шампунь

мочалка

мунчала

водостік

агым

крем

крем

дезодорант

дезодорант

дзеркало

көзге

косметичне дзеркало

кул көзгесе

бритва

пәке

піна для гоління

кырыну өчен күбек

лосьйон після гоління

Кырынаганнан соң
кулланыла торган лосьон

гребінь

тарак

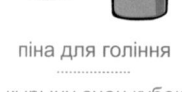

щітка

щётка

фен

фен

лак для волосся

чәчләр лагы

косметика

косметика

губна помада

ирен буявы

лак для нігтів

тырнаклар лагы

вата

мамык

ножиці для нігтів

маникюр кайчысы

парфум

хушбуй

косметичка
косметика савыты

табурет
урындык

ваги
үлчәү

халат
халат

гумові рукавички
резин перчаткалар

тампон
тампон

гігієнічні прокладки
гигиена жәймәсе

біотуалет
биотуалет

дитяча кімната

балалар бүлмәсе

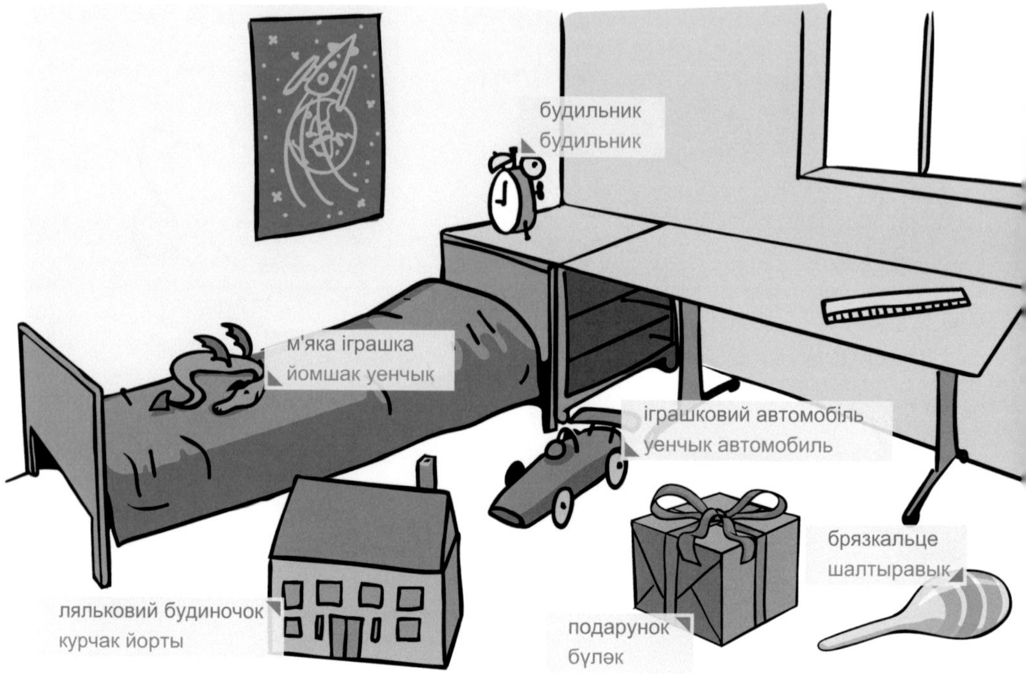

будильник
будильник
м'яка іграшка
йомшак уенчык
іграшковий автомобіль
уенчык автомобиль
брязкальце
шалтыравык
ляльковий будиночок
курчак йорты
подарунок
бүләк

повітряна кулька

һава шары

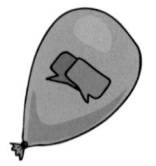

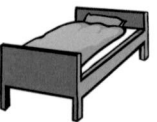

ліжко

карават

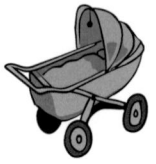

дитячий візок

балалар коляскасы

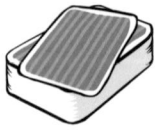

картярська гра

кәрт уены

пазл

пазл

SUPER
MEGA

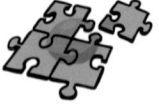

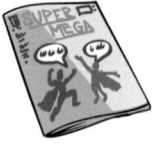

комікс

комикс

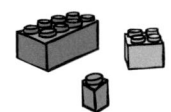

лего цеглинки

Лего кирпечекләре

блоки

шакмак

іграшкова фігурка

уенчык

повзунки

ползунки

фризбі

фрисби

мобіле

мобиль

настільна гра

өстәл уены

кубик

шакмак

модель залізнична станція

тимер юл моделе

соска

имезлек

вечірка

кичә

книжка з картинками

рәсемнәр белән бизәлгән китап

м'яч

туп

лялька

курчак

грати

уйнау

пісочниця

комлык

гойдалка

таган

іграшка

уенчык

гральна консоль

уен приставкасы

триколісний велосипед

өч көпчәкле велосипед

плюшевий мішка

плюш аю

шафа

кием-салым шкафы

ОДЯГ

КИЕМ

шкарпетки

оекбаш

панчохи

оек

колготки

колготки

шарф
шарф

ремінь
каеш

парасоля
зонт

футболка
футболка

кросівки
кроссовки

чоботи
итек

домашнє взуття
тапки

сандалі
сандаллар

взуття
ботинкалар

гумові чоботи
резин итекләр

труси
трусик

бюстгальтер
бюстгальтер

нижня сорочка
майка

боді

боди

штани

чалбар

джинси

джинсы

спідниця

итәк

блузка

блузка

сорочка

күлмәк

пуловер

свитер

светр

свитер

піджак

спорт куртасы

куртка

жакет

пальто

пәлтә

дощовик

плащ

костюм

костюм

сукня

күлмәк

весільна сукня

туй күлмәге

одяг - кием

костюм

ирләр костюмы

нічна сорочка

төнге эчке күлмәк

піжама

пижама

сарі

сари

головна хустка

яулык

чалма

чалма

бурка

пәрәнҗә

кафтан

кафтан

абая

абайя

купальник

коену костюмы

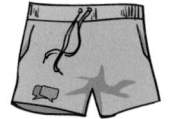

плавки

плавки

шорти

шорт

тренувальний костюм

спорт костюмы

фартух

алъяпкыч

рукавички

перчаткалар

гудзик

төймә

окуляри

күзлек

браслет

беләзек

ланцюг

чылбыр

кільце

балдак

сережка

алка

шапка

бүрек

плічка

элгеч

капелюх

эшләпә

краватка

галстук

застібка-блискавка

молния каптырмасы

шолом

каска

підтяжки

подтяжка

шкільна форма

мәктәп формасы

уніформа

форма

нагрудник

балалар күкрәкчәсе

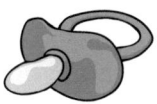

соска

имезлек

підгузок

подгузник

сервер
сервер

шаф для документів
канцелярия шкафы

принтер
принтер

монітор
монітор

папір
кәгазь

письмовий стіл
язу өстәле

миша
мышка

папка
папка

синтезатор
клавиатура

кошик для паперу
кәгазь өчен кәрҗин

компʼютер
компьютер

стілець
утыргыч

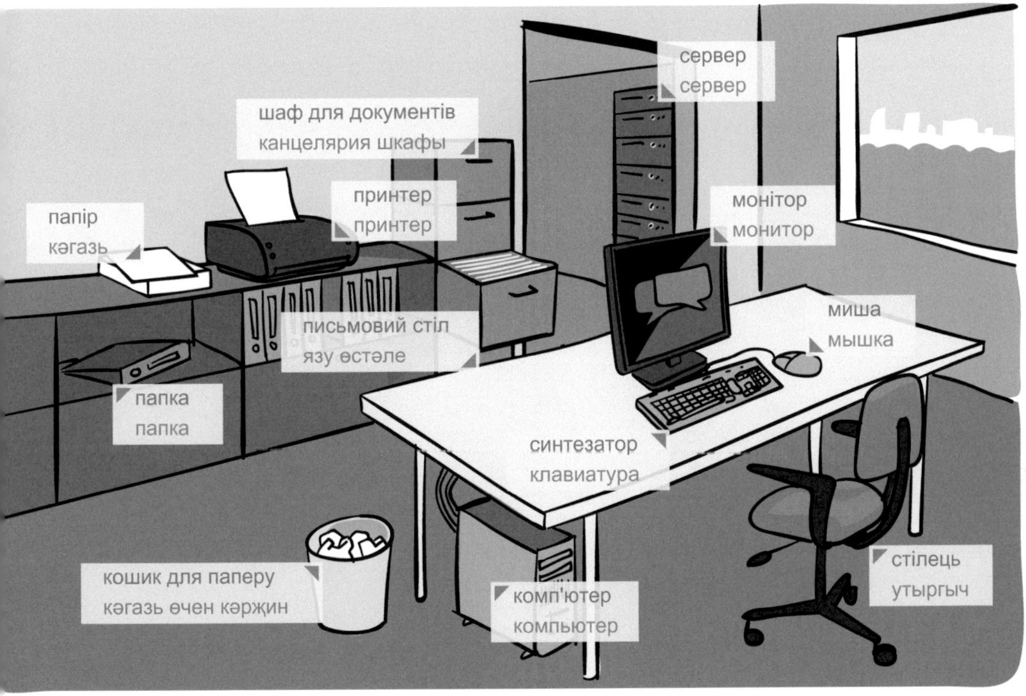

кавовий кухоль

кофе кружкасы

калькулятор

калькулятор

інтернет

интернет

ноутбук

ноутбук

лист

хат

повідомлення

хәбәр

мобільний телефон

кесә телефоны

мережа

челтәр

копіювальний пристрій

ксерокс

програмне забезпечення

программа

телефон

телефон

розетка

розетка

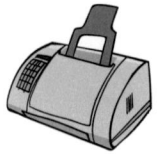

факс

факс

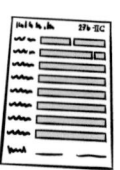

бланк

формуляр

документ

документ

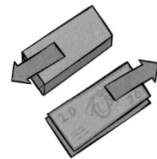

купувати

сатып алу

платити

түләу

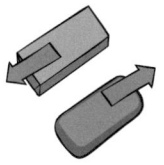

торгувати

сәудә

гроші

акча

долар

доллар

євро

евро

ієна

иена

рубль

сум

франк

франк

юанів женьміньбі

жэньминьби юань

рупія

рупия

банкомат

банкомат

обмінний пункт

валюта алмаштыру пункты

золото

алтын

срібло

көмеш

нафта

жир мае

енергія

энергия

ціна

бәя

контракт

килешү

податок

салым

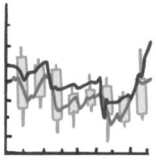

акція

акция

працювати

эш

працівник

эшче

роботодавець

эш бирүче

фабрика

фабрика

магазин

кибет

професії

профессияләр

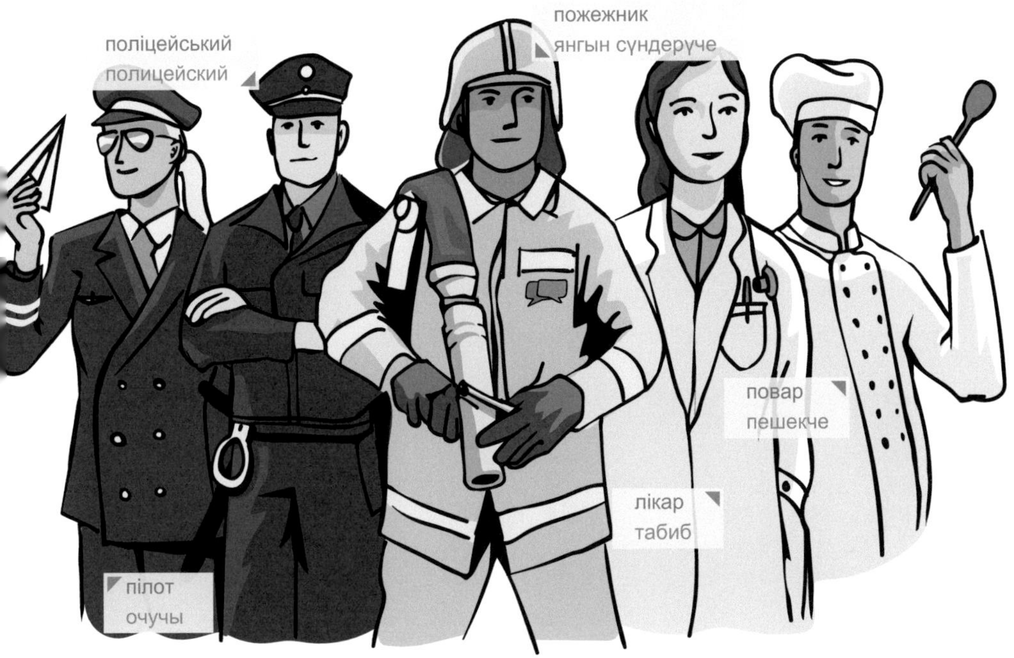
поліцейський
полицейский
пожежник
янгын сүндерүче
повар
пешекче
лікар
табиб
пілот
очучы

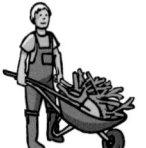

садівник

бакчачы

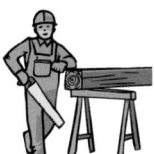

столяр

агач остасы

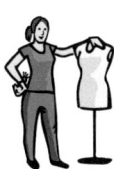

швачка

тегүче

суддя

хаким

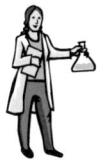

хімік

химик

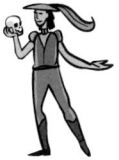

актор

актер

водій автобуса

автобус йөртүче

таксист

таксист

рибалка

балыкчы

прибиральниця

җыештыручы хатын

покрівельник

түбә ябучы

офіціант

официант

мисливець

аучы

художник

рәссам

пекар

пешекче

електрик

электрик

будівельник

төзүче

інженер

инженер

забійник

итче

бляхар

сантехник

листоноша

хат ташучы

солдат

солдат

архітектор

архитектор

касир

кассир

флорист

чәчәкче

перукар

парикмахер

кондуктор

кондуктор

механік

механик

капітан

капитан

дантист

теш табибы

вчений

галим

рабин

раввин

імам

имам

монах

монах

пастор

рухани

інструменти

кораллар

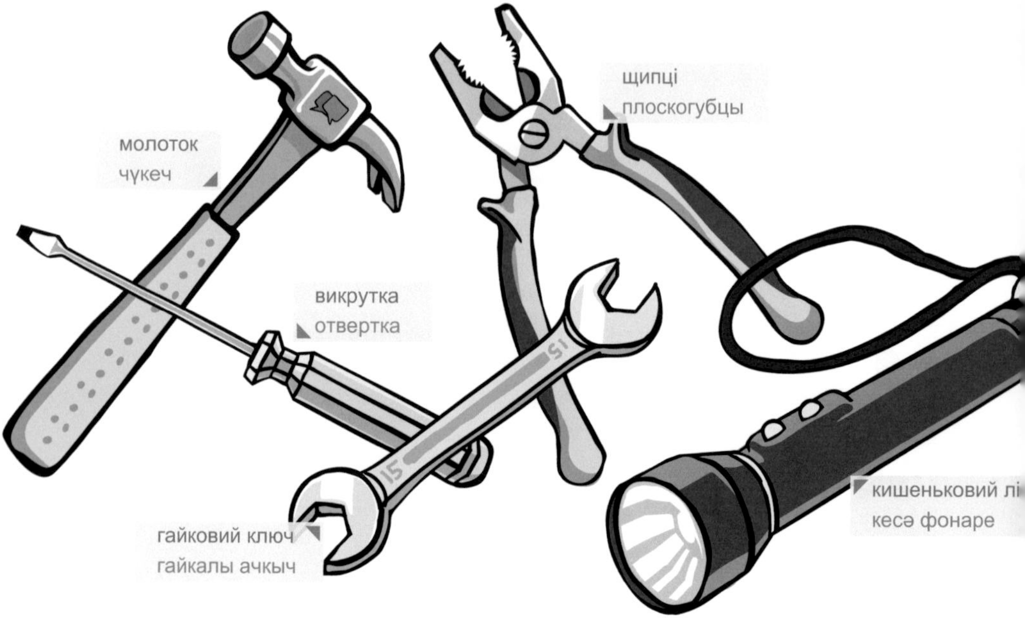

молоток
чүкеч
щипці
плоскогубцы
викрутка
отвертка
гайковий ключ
гайкалы ачкыч
кишеньковий лі
кесә фонаре

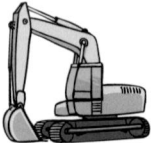

екскаватор

экскаватор

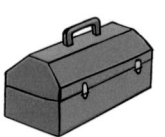

ящик для інструментів

инструментлар өчен тартма

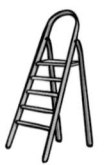

драбина

баскыч

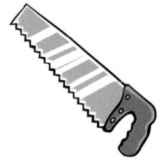

пилка

пычкы

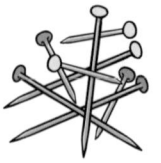

цвяхи

кадаклар

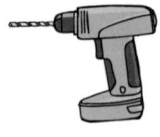

свердло

дрель

ремонтувати

төзәтү

лопата

көрәк

лайно!

Шайтан алгыры!

совок

соскы

відро з фарбою

савытлы буяу

гвинти

винтлар

музичні інструменти
музыкаль инструментлар

ударна установка
удар інструмент

динамік
тавыш көчәйткеч

гітара
гитара

контрабас
контрабас

труба
торба

фортепіано

пианино

скрипка

скрипка

бас

бас-гитара

литаври

литавра

барабан

барабан

клавіатура

синтезатор

саксофон

саксофон

флейта

флейта

мікрофон

микрофон

музичні інструменти - музыкаль инструментлар

зоопарк
зоопарк

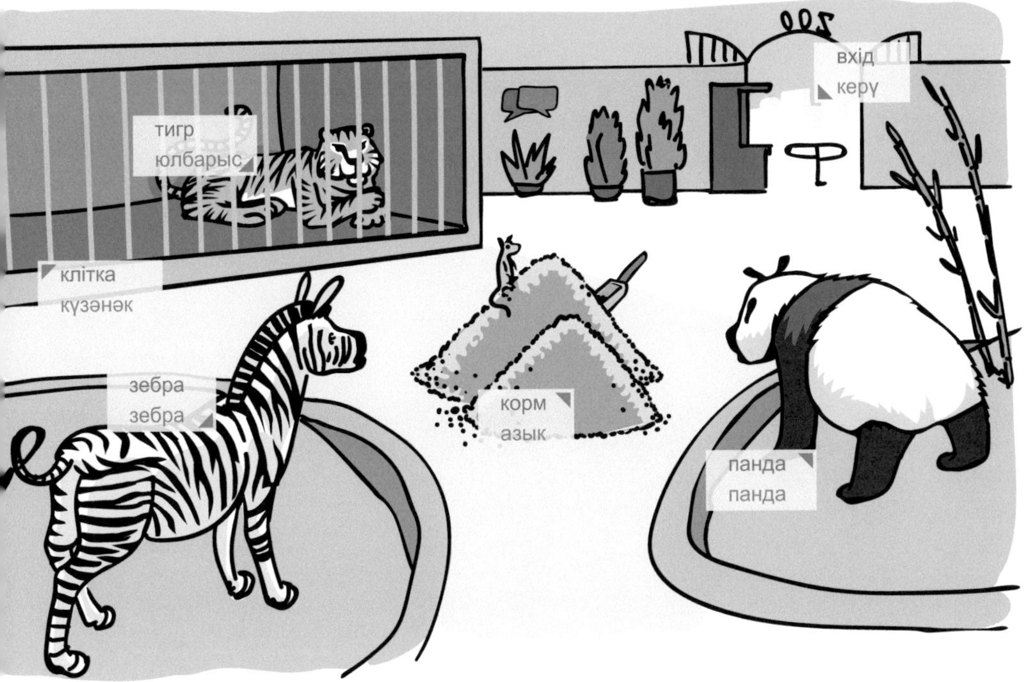
вхід
керү
тигр
юлбарыс
клітка
күзәнәк
зебра
зебра
корм
азык
панда
панда

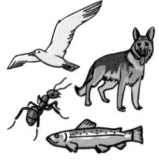

тварини

хайваннар

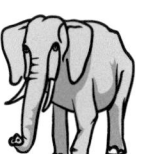

слон

фил

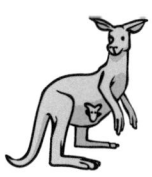

кенгуру

көнгерә

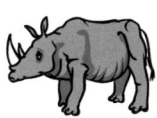

носоріг

мөгезборын

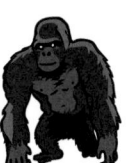

горила

горилла

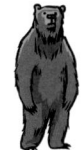

ведмідь

аю

верблюд

дөя

страус

тәвә кошы

лев

арыслан

мавпа

маймыл

фламінго

фламинго

папуга

тутый кош

білий ведмідь

ак аю

пінгвін

пингвин

акула

акула

павич

тавис

змія

елан

крокодил

крокодил

працівник зоопарку

зоопарк хезмәткәре

тюлень

тюлень

ягуар

ягуар

поні

пони

леопард

каплан

гіпопотам

су үгезе

жираф

жираф

орел

бөркет

кабан

кабан дуңгызы

риба

балык

черепаха

ташбака

морж

морж

лисиця

төлке

газель

газэл

спорт
спорт төрләре

американський футбол
америка футболы

їзда на велосипеді
велосипедта йөрү

теніс
теннис

баскетбол
баскетбол

плавання
йөзү

бокс
бокс

хокей
хоккей

футбол
футбол

бадмінтон
бадминтон

легка атлетика
жиңел атлетика

гандбол
гандбол

лижні перегони
чаңгы спорты

поло
поло

стрибати
сикеру

обіймати
қочақлау

сміятися
көлү

йти
бару

співати
жырлау

молитися
ғыйбадәт қылу

цілувати
үбү

мріяти
хыяллану

писати
язу

малювати
рәсем ясау

показувати
күрсәтү

тиснути
басу

давати
бирү

брати
алу

мати

үзеңдә булдыру

робити

эшләү

бути

булу

стояти

басып тору

бігати

йөгерү

тягнути

тарту

кидати

ташлау

падати

егылу

лежати

яту

очікувати

көтү

носити

йөртү

сидіти

утыру

одягати

кию

спати

йоклау

просипатися

уяну

дивитися

карау

плакати

елау

гладити

үтекләү

розчісувати

тарау

розмовляти

әйтү

розуміти

аңлау

питати

сорау

слухати

тыңлау

пити

эчү

їсти

ашау

прибирати

тәртипкә китерү

любити

сөю

варити

әзерләү

їхати

машинада бару

літати

очу

дії - хәрәкәт

йти під вітрилом

Җилкәндә йөрү

рахувати

исәпләү

читати

уку

вчитися

уку

працювати

эш

одружуватися

никахлашу

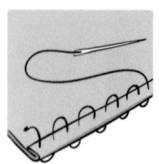

шити

тегү

чистити зуби

тешләрне чистарту

убивати

үтерү

курити

тәмәке тарту

посилати

җибәрү

сім'я

гаилә

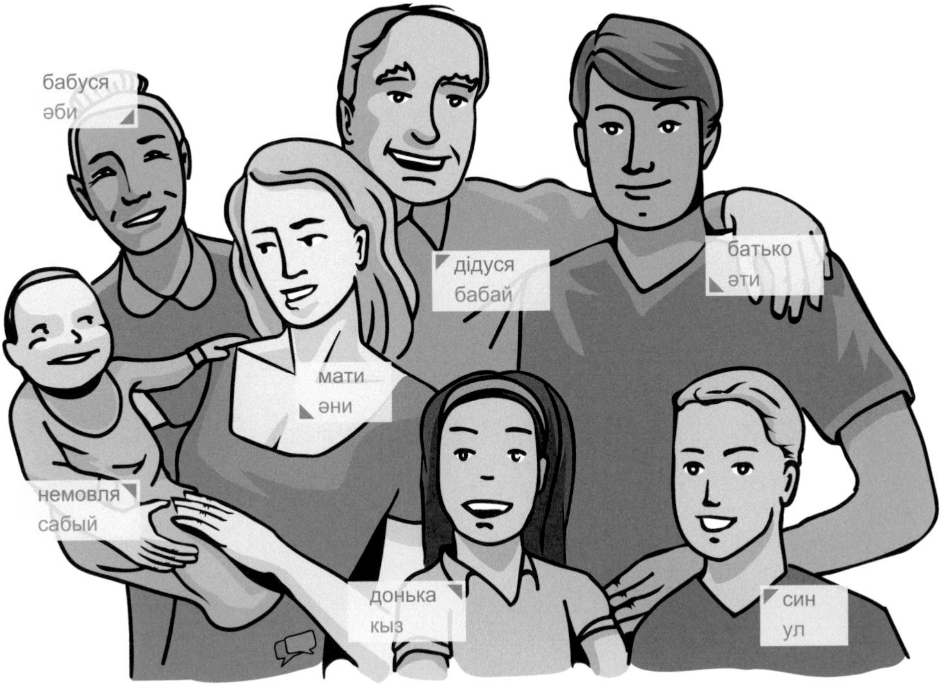

бабуся
әби
дідуся
бабай
батько
әти
мати
әни
немовля
сабый
донька
кыз
син
ул

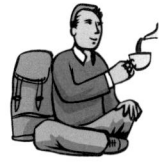

гість

кунак

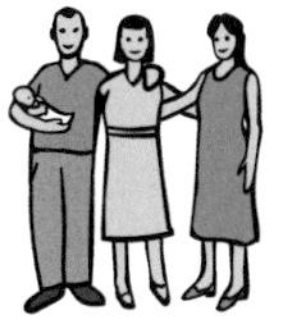

тітка

түти

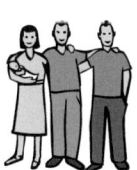

дядько

абый

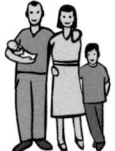

брат

кардәш

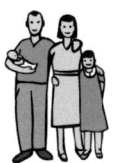

сестра

апа

тіло

тән

чоло
маңгай
око
күз
плече
кулбаш
палець
бармак
обличчя
бит
підборіддя
ияк
кисть
кул чугы
груди
күкрәк
нога
аяк
рука
кул

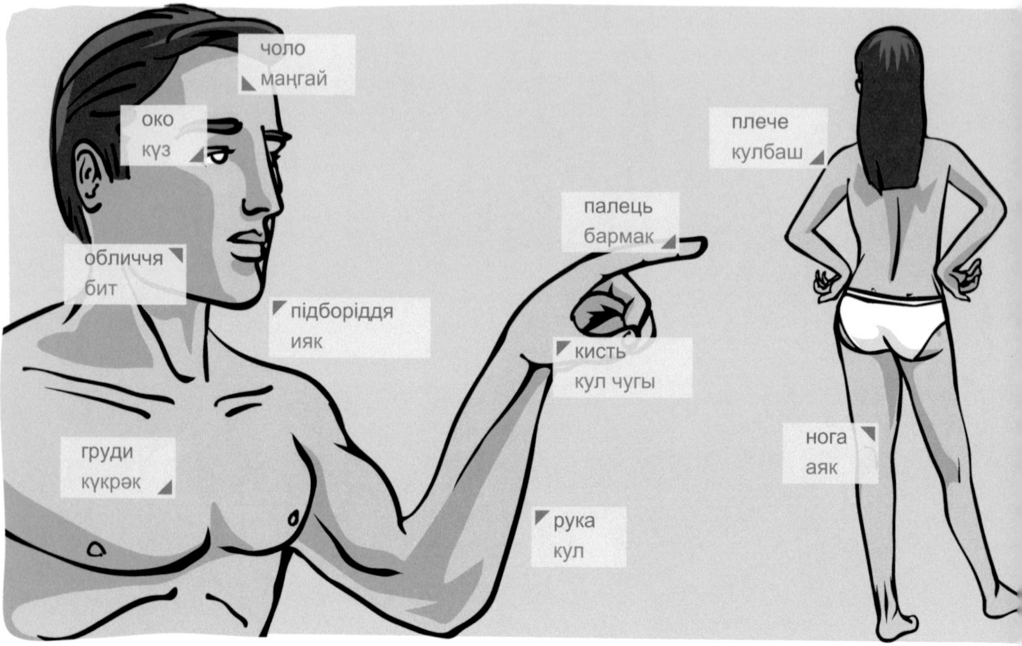

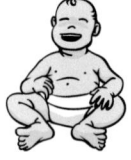

немовля

сабый

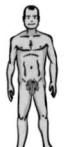

чоловік

ир

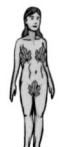

жінка

хатын

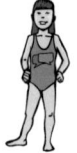

дівчина

кыз

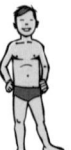

хлопчик

малай

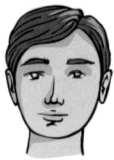

голова

баш

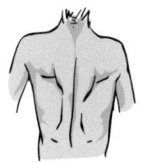

спина

арка

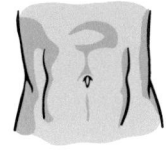

живіт

эч

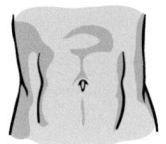

пуп

кендек

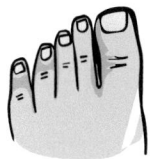

палець ноги

аяк бармагы

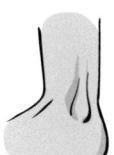

п'ята

үкчә

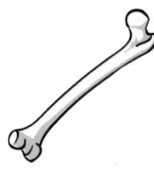

кістка

сөяк

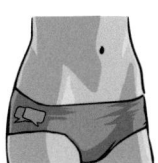

стегно

бот

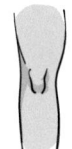

коліно

тез

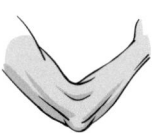

лікоть

терсәк

ніс

борын

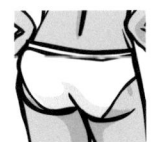

сідниці

арт сан

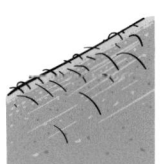

шкіра

тире

щока

яңак

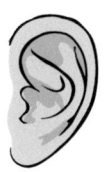

вухо

колак

губа

ирен

тіло - тән

69

рот

авыз

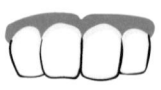

зуб

теш

язик

тел

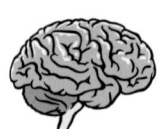

мозок

ми

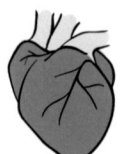

серце

йөрәк

м'яз

мускул

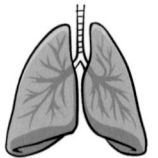

легені

үпкәләр

печінка

бавыр

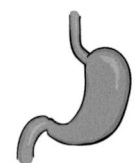

шлунок

ашказан

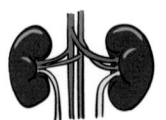

нирки

бөерләр

статевий акт

җенси акт

презерватив

презерватив

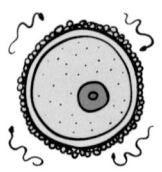

яйцеклітина

күкәйлек

сперма

сперма

вагітність

көмәнлек

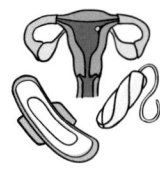

менструація

күрем

вагіна

вагина

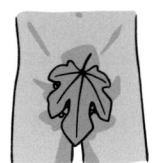

пеніс

пенис

брова

каш

волосся

чәчләр

шия

муен

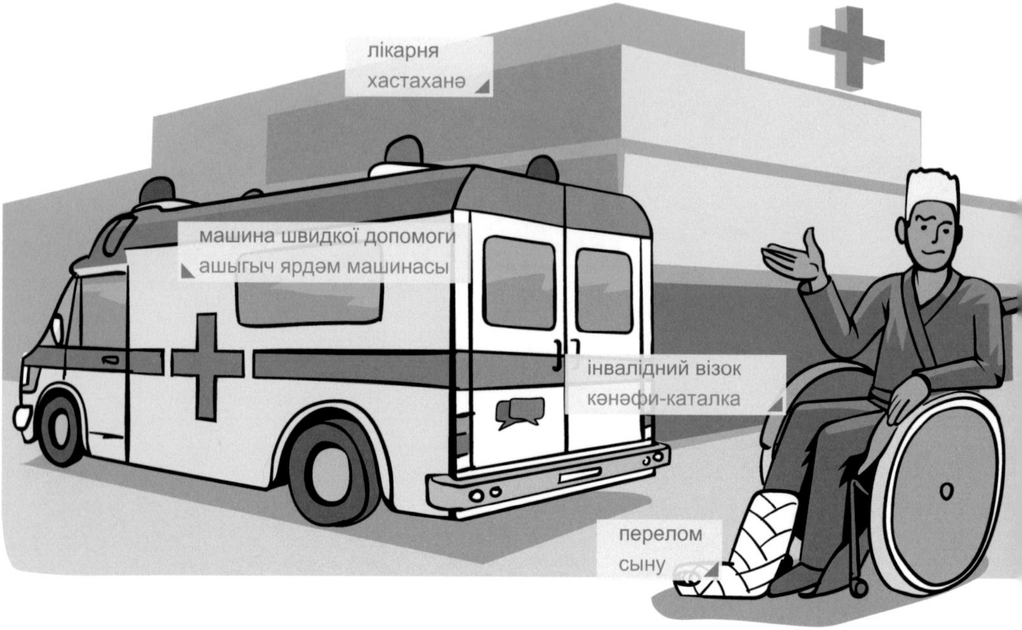

лікарня
хастаханә

машина швидкої допомоги
ашыгыч ярдәм машинасы

інвалідний візок
кәнәфи-каталка

перелом
сыну

лікар

табиб

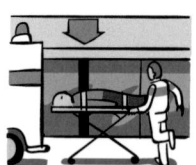

відділення швидкої
медичної допомоги

беренче ярдәм пункты

медсестра

шәфкать туташы

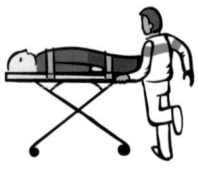

аварійний випадок

кичектергесез хәл

непритомний

аңсыз

біль

авырту

травма

зыян килү

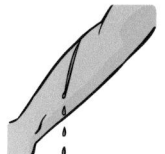

кровотеча

кан агу

інфаркт

инфаркт

інсульт

инсульт

алергія

аллергия

кашель

ютәл

лихоманка

югары температура

грип

грипп

пронос

эч киту

головна біль

баш авырту

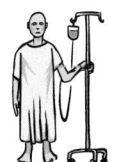

рак

кысла

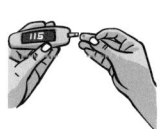

діабет

диабет

хірург

хирург

скальпель

скальпель

операція

операция

лікарня - хастаханә

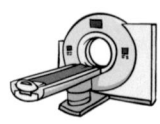

КТ

КТ

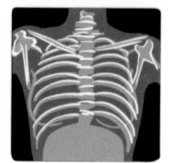

рентген

рентген

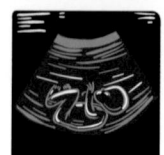

ультразвук

ультратавыш

маска

битлек

хвороба

авыру

зал очікування

кабул иту бүлмәсе

милиця

култык таягы

пластир

пластырь

пов'язка

бинт

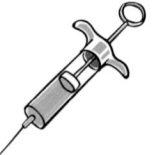

ін'єкція

укол кадау

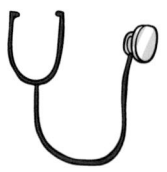

стетоскоп

стетоскоп

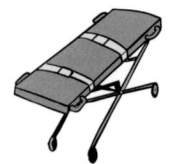

ноші

носилки

термометр

термометр

народження

туу

надмірна вага

артык авырлык

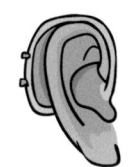

слуховий апарат

колак аппараты

дезінфікуючий засіб

йогышсызландыру чарасы

інфекція

инфекция

вірус

вирус

ВІЛ / СНІД

ВИЧ / СПИД

медицина

дару

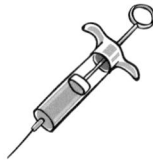

вакцинація

прививка

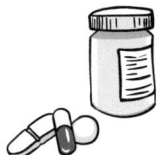

таблетки

таблеткалар

протизаплідна пігулка

балага узмас өчен таблетка

екстрений виклик

ашыгыч чакыру

тонометр

кан басымын үлчәү өчен прибор

хворий / здоровий

авыру / сәламәт

лікарня - хастаханә

сигнал тривоги

тревога сигналы

напад

һөҗүм иту

Допоможіть!

Ярдәм итегез!

атака

һөҗүм

небезпека

куркыныч

аварійний вихід

запас чыгу урыны

Вогонь!

Янгын!

вогнегасник

ут сүндергеч

аварія

каза

аптечка

даруханә

СОС

SOS

поліція

полиция

Європа

Европа

Північна Америка

Төньяк Америка

Південна Америка

Көньяк Америка

Африка

Африка

Азія

Азия

Австралія

Австралия

Атлантика

Атлантик океан

Тихий океан

Тын океан

Індійський океан

Һинд океаны

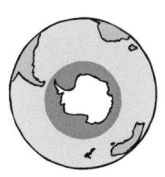

Антарктичний океан

Антарктик океан

Північний Льодовитий океан

Төньяк Боз океаны

Північний полюс

Төньяк полюс

Південний полюс

Көньяк полюс

Антарктика

Антарктика

Земля

җир

суша

коры җир

море

диңгез

острів

утрау

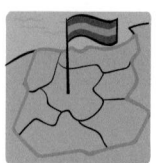

нація

милләт

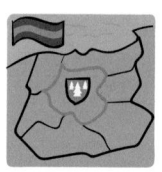

держава

дәүләт

циферблат

сәгать циферблаты

годинникова стрілка

сәгать угы

хвилинна стрілка

минут угы

секундна стрілка

секунд угы

Котра година?

Әле сәгать ничә?

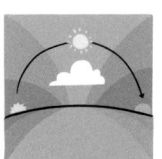

день

көн

час

вакыт

зараз

хәзер

цифровий годинник

электрон сәгать

хвилина

минут

година

сәгать

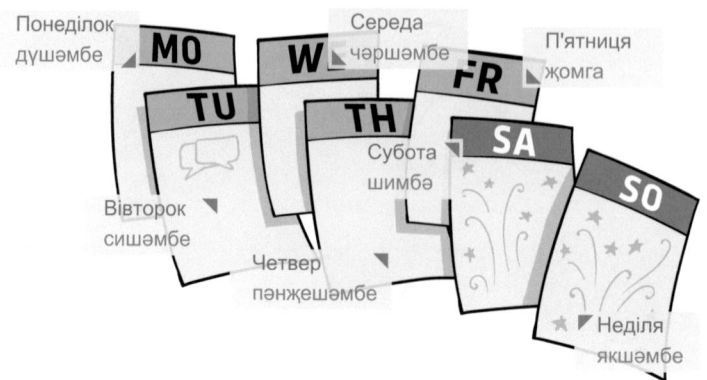

Понеділок
душәмбе

Середа
чәршәмбе

П'ятниця
жомга

Вівторок
сишәмбе

Четвер
пәнҗешәмбе

Субота
шимбә

Неділя
якшәмбе

вчора

кичә

сьогодні

бүген

завтра

иртәгә

ранок

иртә

опівдні

төш

вечір

кич

MO	TU	WE	TH	FR	SA	SU
1	2	3	4	5	6	7
8	9	10	11	12	13	14
15	16	17	18	19	20	21
22	23	24	25	26	27	28
29	30	31	1	2	3	4

робочі дні

эш көннәре

MO	TU	WE	TH	FR	SA	SU
1	2	3	4	5	6	7
8	9	10	11	12	13	14
15	16	17	18	19	20	21
22	23	24	25	26	27	28
29	30	31	1	2	3	4

кінець робочого тижня

ял көннәре

дощ
яңгыр

веселка
салават күпере

сніг
кар

вітер
җил

весна
яз

осінь
көз

літо
җәй

зима
кыш

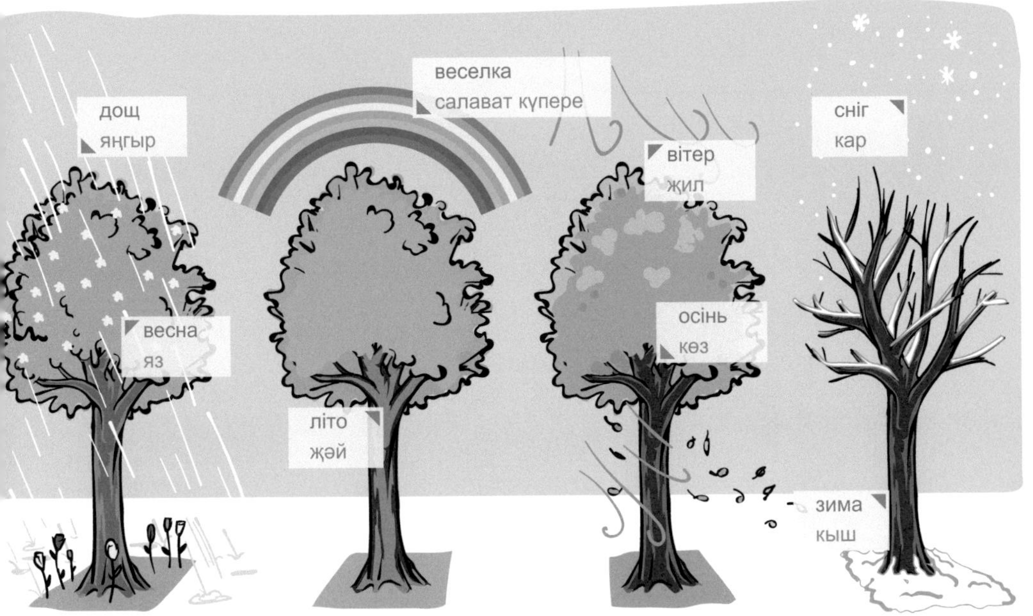

прогноз погоди

һава торышы

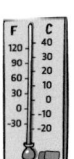

термометр

термометр

сонячне світло

кояш яктысы

хмара

болыт

туман

томан

вологість повітря

дымлылык

блискавка
....
яшен

грім
....
күк күкрәу

шторм
....
давыл

град
....
боз

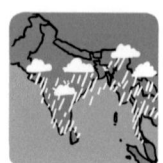

мусон
....
муссон

повінь
....
су басу

лід
....
боз

Січень
....
гыйнвар

Лютий
....
февраль

Березень
....
март

Квітень
....
апрель

Травень
....
май

Червень
....
июнь

Липень
....
июль

Серпень
....
август

Вересень

сентябрь

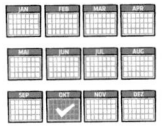

Жовтень

октябрь

Листопад

ноябрь

Грудень

декабрь

форми
формалар

круг

божра

квадрат

квадрат

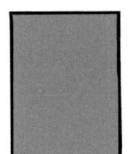

прямокутник

турыпочмак

трикутник

өчпочмак

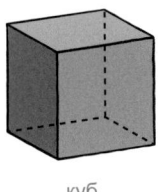

куля

шар

куб

куб

білий

ак

жовтий

сары

помаранчевий

кызгылт сары

рожевий

ал

червоний

кызыл

фіолетовий

шәмәхә

синій

зәңгәр

зелений

яшел

коричневий

көрән

сірий

соры

чорний

кара

багато / мало

күп / аз

лютий / мирний

усал / тыныч

гарний / бридкий

матур / ямьсез

початок / кінець

башы / ахыры

великий / малий

зур / кечкенә

світлий / темний

якты / караңгы

брат / сестра

абый / эне

чистий / брудний

чиста / пычрак

завершений / незавершений

тулы / тулы түгел

день / ніч

көн / төн

мертвий / живий

үле / тере

широкий / вузький

киң / тар

їстівний / неїстівний

ашарга яраклы / ашарга яраксыз

злий / дружній

явыз / яхшы

збуджений / нудьгуючий

дулкынланган / сагынган

товстий / тонкий

юан / ябык

спочатку / востаннє

башта / азакта

друг / ворог

дус / дошман

повний / порожній

тулы / буш

жорсткий / м'який

каты / йомшак

важкий / легкий

авыр / җиңел

голод / спрага

ачлык / сусау

хворий / здоровий

авыру / сәламәт

незаконний / законний

хокуксыз / хокуклы

розумний / дурний

акыллы / акылсыз

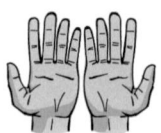

вліво / вправо

сулдан / уңнан

поруч / далеко

якын / ерак

новий / використаний

яңа / тотылган

нічого / щось

бер нәрсә дә / нәрсәдер

старий / молодий

өлкән / яшь

вкл / викл

тоташтырылган /
сүндерелгән

відкрито / закрито

ачык / ябык

тихо / гучно

әкрен / кычкырып

багатий / бідний

бай / ярлы

правильно / неправильно

дөрес / дөрес түгел

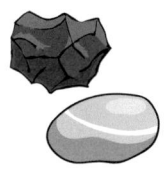

шорсткий / гладкий

кытыршы / шома

сумний / щасливий

моңсу / бәхетле

короткий / довгий

кыска / озын

повільно / швидко

җай / тиз

вологий / сухий

дымлы / коры

гарячий / холодний

җылы / салкын

війна / мир

сугыш / тынычлык

0

нуль

ноль

1

один

бер

2

два

ике

3

три

өч

4

чотири

дүрт

5

п'ять

биш

6

шість

алты

7

сім

җиде

8

вісім

сигез

9

дев'ять

тугыз

10

десять

ун

11

одинадцять

унбер

12
дванадцять

унике

13
тринадцять

унеч

14
чотирнадцять

ундүрт

15
п'ятнадцять

унбиш

16
шістнадцять

уналты

17
сімнадцять

унҗиде

18
вісімнадцять

унсигез

19
дев'ятнадцять

унтугыз

20
двадцять

егерме

100
сто

йөз

1.000
тисяча

меӊ

1.000.000
мільйон

миллион

англійська

инглизчэ

американська англійська

американча инглиз

китайська
високочиновницька

мандаринча Кытай

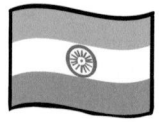

хінді

һинди

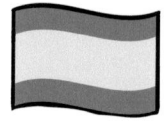

іспанська

испан

французька

француз

арабська

гарэп

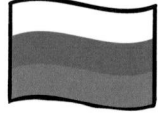

російська

рус

португальська

португал

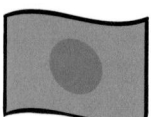

бенгальська

бенгал

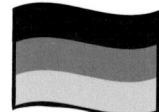

німецька

алман

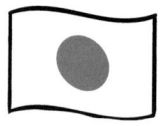

японська

япон

я
мин

ти
син

♂ ♀ ○

він / вона / воно
ул / ул / ул

ми
без

ви
сез

вони
алар

хто?
кем?

що?
нәрсә?

як?
ничек?

де?
кайда?

коли?
кайчан?

ім'я
исем

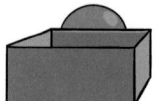

ззаду

артта

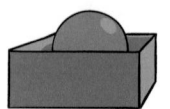

в

эчендә

перед

алда

над

өстендә

на

өстенә

під

астында

біля

янәшә

між

арасында

місце

урын